Anklam
Historische Informationen der
Geburtsstadt von Otto Lilienthal

AF191355

Herold zu Moschdehner

Anklam

Historische Informationen der
Geburtsstadt von Otto Lilienthal

Bibliografische Information der Deutschen Nationalbibliothek
Die Deutsche Nationalbibliothek verzeichnet diese Publikation in der Deutschen Nationalbibliografie; detaillierte bibliografische Daten sind im Internet über http://dnb.d-nb.de abrufbar.

ISBN: 978-3-7693-0724-5

Copyright (2024) Herold zu Moschdehner
Verlag: BoD · Books on Demand GmbH,
In de Tarpen 42, 22848 Norderstedt
Druck: Libri Plureos GmbH, Friedensallee 273, 22763 Hamburg

12,99 Euro

Vorwort

Anklam – eine Stadt, deren Geschichte weit mehr ist als eine Ansammlung von Jahreszahlen und Ereignissen. In den stillen Straßen, den historischen Fassaden und entlang der Peene erzählt sie von Jahrhunderten menschlicher Errungenschaften, Krisen und Träume. Als Geburtsstadt Otto Lilienthals, des visionären Pioniers der Luftfahrt, steht Anklam symbolisch für Erfindungsgeist und Fortschritt, der immer wieder das scheinbar Unmögliche möglich machte. Doch Lilienthal ist nur eine von vielen Geschichten, die in den Mauern dieser Stadt mitschwingen.

Dieses Buch soll Anklam nicht nur als geografischen Ort abbilden, sondern als einen lebendigen Schauplatz von Menschen und Ideen, die die Stadt durch die Jahrhunderte geprägt haben. Wir tauchen ein in die Mythen der versunkenen Stadt Vineta, die Macht der Hanse, die Zeiten der Veränderung und den Geist des Aufbruchs, der sich in der friedlichen Revolution und der Wiedervereinigung zeigte. In jeder Epoche spiegeln sich der Wandel und die Beständigkeit wider, die Anklam zu dem machen, was es heute ist.

Mit historischen Informationen und lebendigen Erzählungen möchte dieses Werk ein umfassendes Bild der Stadt zeichnen, die Otto Lilienthal einst „Flügel verlieh." Anklam zeigt, wie eng Geschichte, Kultur und Fortschritt miteinander verflochten sind und wie die Werte vergangener Generationen auch heute den Takt vorgeben. Möge dieses Buch Anklam in neuem Licht zeigen – als Stadt, die ihre Vergangenheit würdigt und zugleich mutig in die Zukunft schaut.

Herold zu Moschdehner

Kapitel 1: Die Gründung und frühe Stadtentwicklung

Die mittelalterliche Stadt Anklam, eingebettet in die fruchtbare Landschaft am Fluss Peene, entwickelte sich im frühen Mittelalter zu einem wichtigen Knotenpunkt der Region. Ihre geografische Lage bot nicht nur Zugang zu Handelswegen, sondern auch einen natürlichen Schutz durch Fluss und Marschlandschaften. Diese günstigen Bedingungen zogen Siedler an, die die Grundlage für die spätere Stadtbildung legten. Das Gebiet war reich an Ressourcen, darunter fruchtbare Böden, Fischbestände und Zugang zu Holzvorkommen, die für das Wachstum einer Stadt entscheidend waren. Schon früh entstanden Strukturen, die darauf abzielten, das Gemeinwesen zu organisieren und den Bewohner*innen Schutz zu bieten.

Die ersten Siedler und Befestigungsanlagen

Die Anfänge der Siedlung Anklam lassen sich auf das 10. Jahrhundert zurückführen, als kleine Gemeinschaften entlang der Peene siedelten. Anfangs war die Siedlung noch klein und ungeschützt, doch schon bald waren einfache Verteidigungsmaßnahmen nötig, um die Bevölkerung und ihr Hab und Gut vor Angriffen zu bewahren. Mit dem Wachstum der Bevölkerung wurden die Befestigungsanlagen zunehmend verstärkt, von anfänglichen Holzpalisaden und Gräben bis hin zu soliden Mauern, die später die gesamte Stadt umschlossen. Die Errichtung einer steinernen Stadtmauer war ein Zeichen für Wohlstand und städtische Autonomie. Diese

Entwicklung ermöglichte es Anklam, sich als sicherer Handelsplatz zu etablieren und zog Händler und Handwerker aus der Umgebung an. Die Stadtmauer spielte eine wichtige Rolle nicht nur als Verteidigungsanlage, sondern auch als Symbol für die aufstrebende Bürgerschaft. Innerhalb der Mauern wuchs ein städtisches Zentrum heran, in dem Marktplätze, Handwerksbetriebe und Wohnviertel entstanden. Die enge Gemeinschaft der Bewohner*innen spiegelte sich in der Stadtstruktur wider: Der Raum innerhalb der Mauern war begrenzt, sodass Häuser und Werkstätten oft eng nebeneinander lagen, und die Straßen schmal und verwinkelt waren. Die Mauer bot auch einen klaren Schutz vor äußeren Bedrohungen und garantierte eine gewisse Autonomie gegenüber lokalen Adeligen, was das Bürgertum Anklams stärkte.

Die Stadtrechte und deren Bedeutung

Ein zentraler Wendepunkt in der Entwicklung Anklams war die Verleihung der Stadtrechte im 13. Jahrhundert. Diese Rechte gaben der Stadt ein hohes Maß an Selbstbestimmung und förderten eine eigenständige Verwaltung. Die Stadtrechte verliehen der Bürgerschaft das Recht, Märkte abzuhalten, Zölle zu erheben und eine eigene Gerichtsbarkeit zu schaffen. Der neu gegründete Stadtmagistrat übernahm die Aufgaben der Verwaltung und Rechtsprechung und war maßgeblich an der Gestaltung des städtischen Lebens beteiligt.

Mit den Stadtrechten gingen auch Handelsprivilegien einher, die Anklam zur Drehscheibe für Waren und Dienstleistungen in der Region machten. Die Stadt konnte eigenständig Handel betreiben, was zur Entstehung eines lebendigen Marktwesens beitrug. In regelmäßigen Abständen wurden Jahrmärkte veranstaltet, die Händler*innen aus nah und fern anzogen und Anklam einen wachsenden Wohlstand bescherten. Die Stadtrechte ermöglichten es der Stadt, die Steuereinnahmen direkt für den Bau und die Instandhaltung der Infrastruktur zu nutzen, darunter Straßen, Marktplätze und öffentliche Gebäude. Auch die Kirche profitierte von diesem Aufschwung, und es entstand eine enge Verbindung zwischen dem religiösen und dem städtischen Leben, die das kulturelle Fundament Anklams prägte.

Wirtschaftlicher Aufstieg und soziale Hierarchien Die wirtschaftliche Blütezeit Anklams brachte tiefgreifende Veränderungen im gesellschaftlichen Gefüge mit sich. Das Bürgertum, das sich aus Kaufleuten und Handwerkern zusammensetzte, gewann zunehmend an Einfluss und Macht. Die Kaufleute, die durch den Handel wohlhabend geworden waren, bildeten eine privilegierte Schicht innerhalb der Stadt, während die Handwerker in Zünften organisiert waren und durch ihre Arbeit die Grundlage für die städtische Wirtschaft legten. Die Zünfte regelten die Ausbildung, Arbeitszeiten und Qualität der Produkte und bildeten so ein stabiles Rückgrat der städtischen Gesellschaft.

Das gesellschaftliche Leben war stark hierarchisch strukturiert. Neben den wohlhabenden Kaufleuten und den organisierten Handwerkern gab es auch eine Schicht von Tagelöhnern und Hilfsarbeitern, die meist am Rand des Stadtlebens standen. Diese soziale Ordnung war prägend für das Leben in Anklam und fand Ausdruck in der Stadtstruktur. Die wohlhabenderen Bürger*innen lebten in der Nähe des Marktplatzes, während die ärmeren Schichten in einfacheren Behausungen am Stadtrand angesiedelt waren. Der Marktplatz war das Zentrum des städtischen Lebens und Schauplatz von Feierlichkeiten, Handel und dem öffentlichen Austausch.

Alltag und Gemeinschaft

Das alltägliche Leben in Anklam war von gemeinschaftlichem Zusammenhalt und einer engen sozialen Verbundenheit geprägt. Der Tagesablauf richtete sich weitgehend nach den Jahreszeiten und den Bedürfnissen des Handels und der Landwirtschaft. Die Bürger*innen arbeiteten tagsüber in ihren Betrieben oder auf dem Markt und kehrten am Abend in die engen Wohnviertel zurück, wo das Leben einfach, aber lebendig war. Feste und kirchliche Feiertage boten Gelegenheit zum Innehalten und Feiern, und es gab viele Anlässe, zu denen die Gemeinschaft zusammenkam.

Ein zentraler Punkt des Gemeinschaftslebens war die Kirche, die nicht nur religiöses Zentrum, sondern auch ein Ort der Bildung und der sozialen Unterstützung war. Der Kirchplatz diente als Marktplatz, auf dem Lebensmittel und Handwerkswaren verkauft wurden. Zudem übernahmen Klöster und Stiftungen oft die

Versorgung von Kranken und Bedürftigen, was das Zusammenleben stärkte und die Bindungen innerhalb der Stadtgesellschaft festigte.

Die Bürger*innen Anklams waren eng miteinander vernetzt, und es herrschte eine gewisse Abhängigkeit voneinander. Handwerker und Händler waren auf die Unterstützung der Bauern angewiesen, die die Stadt mit Lebensmitteln versorgten, während die Bauern von den Handwerkern Werkzeuge und Kleidung erhielten. Diese gegenseitige Abhängigkeit führte zu einem Gemeinschaftsgefühl, das die Stadt über Jahrhunderte hinweg zusammenhielt. Die enge Bebauung und die strukturelle Nähe der Häuser förderten das Zusammenleben und schufen eine Atmosphäre des Vertrauens, in der jeder und jede auf die Hilfe und Unterstützung der anderen zählen konnte.

Kulturelle Entwicklungen und der Einfluss der Hanse

Mit dem wirtschaftlichen Aufschwung und den Stadtrechten entwickelte sich in Anklam auch ein kulturelles Leben, das eng mit dem wirtschaftlichen Erfolg und den Verbindungen zur Hanse verknüpft war. Die Bürger*innen begannen, sich für Bildung und kulturelle Angebote zu interessieren, und es entstanden erste Bildungseinrichtungen. Auch die Architektur der Stadt blühte auf, geprägt von gotischen Bauwerken, die den Einfluss der Hanse sichtbar machten. Die kulturelle Blütezeit der Stadt brachte auch eine eigene städtische Identität hervor, die durch Selbstbewusstsein und Zusammenhalt geprägt war.

Durch die Handelskontakte der Hanse wurde Anklam zu einem kulturellen Schmelztiegel, in dem nicht nur Waren, sondern auch Ideen und kulturelle Einflüsse aus anderen Hansestädten wie Lübeck und Hamburg einflossen. Diese kulturelle Vielfalt bereicherte das Leben der Stadt und trug dazu bei, dass Anklam sich über seine Grenzen hinaus als bedeutender Ort etablieren konnte.

Kapitel 2: Blütezeit als Hansestadt

Anklams Zugehörigkeit zur Hanse brachte der Stadt eine neue Dimension des Wohlstands und Einflusses. Durch den Beitritt zu diesem mächtigen Handelsverbund im 13. Jahrhundert wurde Anklam zu einer Drehscheibe für den Ostseehandel und genoss nun nicht nur wirtschaftliche Vorteile, sondern auch den Schutz und die Sicherheit, die die Hanse ihren Mitgliedern gewährte. Diese Epoche veränderte das städtische Leben nachhaltig und etablierte Anklam als bedeutenden Knotenpunkt in der Region.

Beitritt zur Hanse und seine Folgen

Die Entscheidung, der Hanse beizutreten, war für Anklam von großer Bedeutung, da sie der Stadt Zugang zu einem weitreichenden Handelsnetzwerk bot. Die Hanse schuf eine sichere Grundlage für den Handel, indem sie mit den Städten entlang der Ost- und Nordsee Handelsverträge schloss und somit stabile Beziehungen zu Orten wie Lübeck, Danzig, Visby und Hamburg aufbaute. Anklam profitierte von diesen Verbindungen, da es nun eine bevorzugte Handelsroute für wichtige Güter war und von den sicheren Handelswegen profitierte, die durch den Schutz der Hanse gewährleistet wurden.

Die Mitgliedschaft in der Hanse brachte Anklam nicht nur wirtschaftliche Vorteile, sondern förderte auch die Selbstbestimmung und das Wachstum der Stadt. Die Hanse vertrat die Interessen ihrer Mitglieder gegenüber Fürsten und anderen Machtzentren und garantierte eine gewisse

Autonomie, die es den Städten ermöglichte, ihre wirtschaftlichen Interessen durchzusetzen und zu verteidigen. So gelang es Anklam, sich gegen den Einfluss des Adels zu behaupten und eine starke städtische Identität zu entwickeln, die auf dem Bürgertum und dem wirtschaftlichen Wohlstand basierte.

Wirtschaftsboom und Handelsrouten

In der Blütezeit der Hanse wurde Anklam zu einem florierenden Handelszentrum, in dem eine Vielzahl von Waren gehandelt wurden. Die wichtigsten Güter, die durch Anklam transportiert wurden, umfassten Getreide, Holz, Felle und Salz. Diese Rohstoffe waren für die Versorgung der Hansestädte von entscheidender Bedeutung und wurden in großen Mengen gehandelt. Das Salz aus Lüneburg etwa, das über Anklam transportiert wurde, war unerlässlich für die Konservierung von Lebensmitteln und ermöglichte die Versorgung der Bevölkerung mit haltbaren Lebensmitteln. Ebenso waren die Wälder in der Umgebung von Anklam eine Quelle für Bau- und Brennholz, das in vielen Hansestädten stark nachgefragt wurde.

Die Handelsrouten, die durch Anklam führten, verbanden die Stadt mit den großen Märkten des Ostseeraums und darüber hinaus. Über die Peene und die Ostsee konnten Waren schnell und sicher transportiert werden, was Anklam zu einem wichtigen Knotenpunkt im Hanseverbund machte. Die Stadt errichtete Lagerhäuser und Hafenanlagen, um die wachsenden Handelsmengen bewältigen zu können, und entwickelte eine spezialisierte Infrastruktur, die auf die Bedürfnisse des Handels zugeschnitten war. Diese Bauwerke zeugten von dem Wohlstand, der durch den Handel in die Stadt floss, und prägten das Stadtbild nachhaltig.

Leben und Struktur einer Hansestadt

Das Leben in Anklam zur Blütezeit der Hanse war geprägt von einer lebendigen Handelsgesellschaft, die von Kaufleuten, Handwerkern und Hafenarbeitern dominiert wurde. Die Kaufleute bildeten eine eigene, wohlhabende Schicht, die stark in das politische und wirtschaftliche Leben der Stadt eingebunden war. Sie organisierten sich in Gilden und Verbänden, die nicht nur den Handel regelten, sondern auch soziale Aufgaben übernahmen und ihre Mitglieder bei Krankheit und Not unterstützten. Diese Kaufmannsgilden spielten eine wichtige Rolle in der Stadtverwaltung und hatten erheblichen Einfluss auf die Entscheidungen des Stadtrats.

Neben den Kaufleuten war auch das Handwerk in Anklam stark vertreten und trug wesentlich zur wirtschaftlichen Stabilität bei. Die Handwerker waren in Zünften organisiert, die die Qualität der Produkte sicherstellten und den Zugang zum Beruf regulierten. Jede Zunft hatte ihre eigenen Regeln und Traditionen, die streng beachtet wurden, und stellte eine eigene Gemeinschaft dar, die stark zur Identität der Stadt beitrug. Die Handwerkerzünfte waren nicht nur ökonomische, sondern auch soziale Institutionen, die ihren Mitgliedern eine gewisse Sicherheit boten und den Zusammenhalt der städtischen Gesellschaft stärkten.

Kulturelle und gesellschaftliche Veränderungen

Der wirtschaftliche Erfolg und die Integration in das Hanse-Netzwerk brachten tiefgreifende kulturelle Veränderungen mit sich. Der Wohlstand der Kaufleute und das wachsende Ansehen der Stadt führten zu einer gesteigerten Nachfrage nach Bildung und kulturellem Austausch. Schulen und Bibliotheken wurden gegründet, die der Bürgerschaft Zugang zu Wissen und Bildung ermöglichten. Die Kirche spielte dabei eine wichtige Rolle und förderte das geistliche und kulturelle Leben. Sie unterstützte den Bau gotischer Kirchengebäude und Klöster, die das Stadtbild prägten und zum kulturellen Zentrum Anklams wurden.

Auch die Architektur in Anklam veränderte sich im Zuge des wirtschaftlichen Aufschwungs. Die wohlhabenden Kaufleute begannen, prächtige Häuser und Lagerhallen zu errichten, die von den gotischen Bauformen der Hansestädte inspiriert waren. Diese Gebäude zeugen noch heute vom Glanz und Wohlstand der Hansestadt Anklam und prägen das historische Stadtbild. Der Marktplatz wurde zum Zentrum des städtischen Lebens, an dem nicht nur Handel betrieben wurde, sondern auch Feste und öffentliche Versammlungen stattfanden. In diesen kulturellen Aktivitäten spiegelt sich das städtische Selbstbewusstsein und der Stolz der Bürger wider, die Anklam zu einem bedeutenden Zentrum in der Region gemacht hatten.

Kapitel 3: Herausforderungen und Krisen der Hansezeit

Die Blütezeit Anklams als Hansestadt war nicht ohne Herausforderungen. Der wirtschaftliche Wohlstand und die strategische Lage brachten nicht nur Vorteile, sondern auch Risiken und Konflikte. Anklam und die Hanse sahen sich mit internen Spannungen, äußeren Bedrohungen und wirtschaftlichen Veränderungen konfrontiert, die das städtische Leben und die Handelsaktivitäten nachhaltig beeinflussten.

Interne Konflikte und Kämpfe um Macht

Der Wohlstand, den die Hanse der Stadt Anklam brachte, schuf auch Spannungen innerhalb der Stadtgesellschaft. Die Machtkämpfe zwischen den reichen Kaufleuten und dem Bürgertum führten zu internen Konflikten, die das politische Gleichgewicht gefährdeten. Die wohlhabenden Kaufleute, die in den Gilden organisiert waren, hatten erheblichen Einfluss auf die Stadtpolitik und setzten ihre Interessen oft rücksichtslos durch. Diese Dominanz führte zu Unzufriedenheit unter den weniger wohlhabenden Bürger*innen, die sich ausgeschlossen und benachteiligt fühlten. Diese innerstädtischen Spannungen führten teilweise zu offenen Konflikten und waren eine Belastungsprobe für die Stadtverwaltung. Die Zünfte, die das Handwerk und die Handwerker in der Stadt vertraten, begannen, ihre Rechte zu verteidigen und sich gegen die Vorherrschaft der Kaufmannsgilden zu stellen. Es kam zu Aufständen und Unruhen, in denen die Handwerker und einfachen Bürger*innen für mehr

Mitsprache und Rechte kämpften. Diese Machtkämpfe waren ein Spiegelbild der größeren Konflikte innerhalb der Hanse, die ebenfalls mit internen Differenzen zu kämpfen hatte. Die Spannungen schwächten Anklam und machten die Stadt anfälliger für äußere Bedrohungen.

Überfälle und Kriege

Neben den inneren Konflikten war Anklam immer wieder äußeren Bedrohungen ausgesetzt, die das städtische Leben und den Handel gefährdeten. Die strategische Lage der Stadt machte sie zu einem Ziel von Überfällen durch rivalisierende Mächte und Plünderer. Insbesondere im 14. und 15. Jahrhundert war die Stadt wiederholt Angriffen und Belagerungen ausgesetzt. Diese Angriffe richteten sich oft gezielt gegen die Hanse und ihre Mitgliedsstädte, da sie als wohlhabende und einflussreiche Handelsmacht Feinde anzog.

Eine der schwersten Belastungsproben für Anklam war der Krieg mit Dänemark, der in mehreren Phasen die Handelsaktivitäten der Hanse und damit auch die Stabilität Anklams gefährdete. Die Stadt musste ihre Verteidigungsanlagen verstärken und die Bürgerschaft organisieren, um sich gegen die Angreifer zu verteidigen. Viele Bürger*innen wurden in die Verteidigung der Stadt eingebunden, was das alltägliche Leben erheblich beeinträchtigte und den Handel zum Erliegen brachte. Der wirtschaftliche Schaden, den diese Kriege verursachten, war erheblich und führte zu einer Schwächung der städtischen

Wirtschaft, die sich erst nach Jahren der Erholung stabilisieren konnte.

Zusätzlich bedrohten rivalisierende Fürstentümer und aufstrebende Handelsmächte die Dominanz der Hanse im Ostseeraum. Städte wie Antwerpen und Amsterdam gewannen an Bedeutung und waren zunehmend Konkurrenten für Anklam und die anderen Hansestädte. Diese Konkurrenz führte zu einer Verschärfung der Handelsbedingungen und erhöhte den Druck auf die Hanse, ihre Handelsrouten zu schützen und sich gegen neue Konkurrenten zu behaupten. Der ständige Kriegszustand und die wachsende Konkurrenz belasteten das wirtschaftliche Fundament Anklams und markierten den Beginn einer langsamen, aber nachhaltigen Krise.

Niedergang und Folgen

Der allmähliche Niedergang der Hanse war für Anklam ein einschneidendes Ereignis, das weitreichende Auswirkungen auf die Stadt und ihre Bevölkerung hatte. Mit dem Rückgang des hanseatischen Einflusses und dem Verlust wichtiger Handelsrouten verlor Anklam seine wirtschaftliche Grundlage. Die Entdeckung neuer Handelsrouten nach Amerika und Asien verschob den Handelsschwerpunkt von der Ostsee hin zu den Weltmeeren, was die Bedeutung der Hanse und ihrer Mitgliedsstädte schmälerte.

Für Anklam bedeutete dies einen wirtschaftlichen Rückgang, da die Stadt ihre wichtigste Einnahmequelle und ihren Status als Handelszentrum verlor. Viele Kaufleute verließen die Stadt, und die einst florierenden Märkte und Handelshäuser wurden aufgegeben. Die

Bevölkerung Anklams schrumpfte, da die Stadt nun weniger Arbeitsmöglichkeiten und Wohlstand bieten konnte. Die verbliebenen Bürger*innen mussten sich neuen wirtschaftlichen Herausforderungen stellen und fanden sich oft in Armut und Not wieder.

Der Niedergang der Hanse führte auch zu einem gesellschaftlichen Wandel, der die Strukturen der Stadt nachhaltig veränderte. Die Kaufmannsgilden verloren an Einfluss, und das städtische Leben wurde zunehmend von den Handwerkerzünften geprägt, die sich auf den lokalen Markt konzentrierten. Die einst so lebendige Handelsgesellschaft Anklams verwandelte sich in eine abgeschiedene Gemeinschaft, die sich auf die eigenen Bedürfnisse und Ressourcen besinnen musste.

Rückblick und Ausblick

Trotz der wirtschaftlichen Herausforderungen und des Niedergangs blieb das Erbe der Hansezeit in Anklam lebendig. Die Gebäude und Straßenzüge, die während der Blütezeit errichtet wurden, prägten weiterhin das Stadtbild und erinnerten die Bürger*innen an die glanzvolle Vergangenheit der Stadt. Viele der gotischen Bauwerke, die in dieser Zeit errichtet wurden, blieben erhalten und gelten heute als Wahrzeichen der Stadtgeschichte. Sie zeugen von einer Epoche des Wohlstands und der kulturellen Blüte, die das Selbstbewusstsein der Stadt über Jahrhunderte hinweg prägte.

Die Hansezeit hat das städtische Leben in Anklam nachhaltig beeinflusst und eine kulturelle Identität geschaffen, die noch heute spürbar ist. Die Werte der Hanse – Unabhängigkeit, Gemeinschaft und Unternehmertum – haben die Stadt geprägt und sind Teil des städtischen Selbstverständnisses geblieben. Die Erfahrungen der Hansezeit, mit ihren Höhen und Tiefen, bilden eine wichtige Grundlage für das Verständnis der heutigen Stadtgesellschaft und ihrer Geschichte.

Der Niedergang der Hanse und die damit verbundenen Herausforderungen haben Anklam verändert, aber die Stadt hat ihre Identität bewahrt und lebt bis heute von den Erinnerungen an diese Epoche. Die Hansezeit bleibt ein lebendiger Teil der Stadtgeschichte, und die Erzählungen und Legenden über die Handelsmacht der Hanse und die Blütezeit Anklams sind fester Bestandteil des kulturellen Gedächtnisses der Stadt.

Kapitel 4: Vineta und die Legenden des Peenetals

Die Legende der sagenhaften Stadt Vineta zählt zu den bekanntesten und faszinierendsten Sagen Norddeutschlands. Über Jahrhunderte hinweg sprach man von dieser „versunkenen Stadt", deren Ruinen angeblich irgendwo in den Tiefen der Ostsee ruhen sollen. Die Verbindung von Vineta und Anklam ist in historischen Überlieferungen und der Volkskultur tief verwurzelt. Auch wenn die genaue Lage der sagenumwobenen Stadt Vineta ein Mysterium bleibt, so inspiriert der Mythos die Menschen bis heute und verleiht der Region rund um das Peenetal eine besondere Mystik und einen einzigartigen kulturellen Reichtum.

Vineta: Die versunkene Stadt

Der Mythos von Vineta erzählt von einer prachtvollen Stadt, deren Reichtum und Größe alle anderen Städte der damaligen Zeit überstrahlten. Der Überlieferung nach war Vineta eine Stadt voller Prunk und Überfluss, die eine Vielzahl an Menschen unterschiedlicher Herkunft anzog. Doch ihre Bewohner*innen sollen hochmütig und von Gier getrieben gewesen sein, was die Götter schließlich erzürnte und die Stadt in den Fluten der Ostsee versinken ließ. Man sagt, dass Vineta bei Stille und günstigen Wetterverhältnissen am Meeresgrund erscheinen und die Glocken der versunkenen Kirchen in der Ferne noch zu hören sein sollen.

Die Verbindung dieser Legende zu Anklam ist nicht nur geographisch nahe, sondern auch kulturell tief verwurzelt. Im Mittelalter rankten sich

Gerüchte und Geschichten um Vineta, die den Menschen von Warnemünde bis Greifswald bekannt waren und von Generation zu Generation weitergegeben wurden. Diese Geschichten dienten als Mahnung vor Übermut und Gier und reflektierten zugleich die Faszination und Ehrfurcht der Bewohner*innen vor den Naturgewalten. Für die Menschen in Anklam und Umgebung verkörperte Vineta ein Sinnbild für das Unberechenbare und Mystische der See – eine Kraft, die Wohlstand bringen, aber ebenso schnell alles zerstören konnte.

Historische und kulturelle Bedeutung

Die historische Grundlage der Vineta-Legende ist bis heute umstritten. Verschiedene Theorien existieren über den möglichen Standort und die historische Realität der Stadt. Manche Historiker*innen vermuten, dass Vineta möglicherweise auf Überlieferungen über Handelsstädte der Slawen basiert, die sich entlang der Ostseeküste und im Peenetal entwickelten. Diese Handelszentren waren bedeutende Anlaufstellen für den Austausch zwischen germanischen und slawischen Völkern und wurden durch die Einflüsse der Wikinger und anderer Kulturen geprägt. Anklam, als bedeutender Ort im Peenetal, war ebenfalls in das Netz dieser Handelsrouten eingebunden und profitierte von diesem Kulturaustausch.

Auch wenn der tatsächliche Standort von Vineta bis heute ungeklärt bleibt, hat die Legende einen festen Platz in der Kultur der Region gefunden. Sie spiegelt den Reichtum und die Vielfalt des mittelalterlichen Handels wider und zeigt zugleich die Furcht der Menschen vor einer höheren Macht, die ihren Wohlstand bedrohen könnte. Die Sage diente als moralisches Lehrstück und prägte das kulturelle Selbstverständnis der Menschen in Anklam und Umgebung. Bis heute finden sich Anklänge an Vineta in der Volkskunst, in regionalen Festen und in der lokalen Literatur, was die Bedeutung der Legende für die kulturelle Identität der Region unterstreicht.

Mystik und Naturverbundenheit

Die Menschen im Peenetal entwickelten eine enge Verbundenheit zur Natur und zum Wasser, das als Quelle des Lebens und zugleich als potenzielle Bedrohung galt. Die natürliche Schönheit der Peene mit ihren weiten, ruhigen Flusslandschaften und der reichen Tier- und Pflanzenwelt inspirierte schon früh die Vorstellungskraft der Bewohner*innen. Die Nähe zum Wasser und das Wissen um die Kräfte der Natur führten zu einem tiefen Respekt und einer spirituellen Verbindung, die in der Vineta-Legende Ausdruck findet. Die Menschen sahen den Fluss und die See nicht nur als wirtschaftliche Ressource, sondern auch als lebendige Wesen, die verehrt und gefürchtet wurden.

Die Legende von Vineta stärkte diese Naturverbundenheit und trug dazu bei, die Bedeutung der Peene als mythischen Ort zu festigen. Geschichten über die versunkene Stadt und die ruhenden Glocken in der Tiefe vermischten sich mit den realen Erlebnissen der Fischer*innen und Schiffer*innen, die das Peenetal durchquerten. Sie erzählten von seltsamen Geräuschen und Erscheinungen, die sie nachts auf dem Fluss hörten oder sahen. Diese Erzählungen, die oft von Generation zu Generation weitergegeben wurden, verstärkten die mystische Aura der Region und machten die Peene zu einem Fluss, der nicht nur von Bedeutung für die Wirtschaft, sondern auch für das geistige Leben der Menschen war.

Noch heute leben die Geschichten von Vineta weiter und prägen das kulturelle Gedächtnis der Region. Die Legende wird in Theaterstücken, Büchern und Festen aufgegriffen, und Anklam feiert seine enge Verbindung zur Vergangenheit durch Veranstaltungen, die die Menschen an das mythische Vineta erinnern. Das Peenetal ist somit nicht nur ein landschaftliches Highlight, sondern auch ein Ort, an dem Geschichte und Mystik auf einzigartige Weise zusammenfinden.

Kapitel 4: Vineta und die Legenden des Peenetals

Die Legende der sagenhaften Stadt Vineta gehört zu den am weitesten verbreiteten und rätselhaftesten Mythen der Ostseeregion und ist seit Jahrhunderten fest im kulturellen Gedächtnis der Menschen verwurzelt. Als sinnbildliches „Atlantis des Nordens" inspiriert die Geschichte von Vineta nicht nur Forscher*innen, sondern auch Dichter*innen, Maler*innen und die Bevölkerung der Region. Anklam, als eine der ältesten Städte in der Nähe der vermuteten Ruinen von Vineta, hat dabei eine besondere Verbindung zu dieser Legende, die bis heute das kulturelle und historische Selbstverständnis der Stadt prägt.

Vineta: Die versunkene Stadt

Die Ursprünge der Vineta-Sage liegen im Dunkeln, doch die Geschichten über diese sagenhafte Stadt beschreiben sie als ein Zentrum des Reichtums und der kulturellen Vielfalt. Überliefert wird, dass Vineta eine prachtvolle Stadt war, die ihre Nachbarstädte in Prunk und Wohlstand weit übertraf. Sie soll sich durch ihre riesigen Handelsflotten und prächtigen Bauwerke ausgezeichnet haben und als Knotenpunkt zwischen Ost und West wohlhabend und international offen gewesen sein. Die Bevölkerung Vinetas, so wird erzählt, soll aus verschiedenen Kulturen und Nationalitäten bestanden haben, die Handel trieben, Kunstwerke schufen und Feste feierten, die an Pracht und Größe kaum zu überbieten waren. Der Wohlstand der Stadt und ihrer Bewohner*innen wurde in den Geschichten fast schon mythisch überhöht dargestellt, was die Vorstellung einer perfekten, fast unwirklichen Stadt nährte.

Doch die Legende von Vineta ist auch eine Geschichte von Hochmut, Überfluss und Selbstüberschätzung. Die Überlieferungen besagen, dass die Bürger*innen von Vineta sich zunehmend von ihrem Reichtum und ihrer Macht blenden ließen und sich gegen die Regeln der Götter auflehnten. Es heißt, dass ihre Gier, ihr Stolz und ihre Missachtung der moralischen Werte die Götter erzürnten, die daraufhin die Stadt und ihre Bewohner*innen mit einer vernichtenden Strafe belegten: Vineta soll mitsamt ihrer Bevölkerung in den Tiefen der Ostsee versunken sein, verbannt als Mahnung für die Menschheit, sich nicht zu sehr vom materiellen Reichtum und der eigenen Macht leiten zu lassen.

Bis heute berichten Geschichten und Volksüberlieferungen davon, dass die Ruinen von Vineta bei ruhigem Wetter und klarem Wasser am Grund der Ostsee sichtbar sein sollen.

Fischer*innen und Schiffer*innen entlang der Küste behaupten, bei Stille das ferne Läuten der Kirchenglocken von Vineta zu hören, die als Echo einer längst vergangenen Zeit durch die Wellen hallen. Die Sage erzählt auch, dass die Geister der ehemaligen Bürger*innen Vinetas um die Ruinen ihrer einstigen Stadt wandeln und jeden warnen, der in Hochmut und Gier verfällt.

Historische und kulturelle Bedeutung der Legende
Obwohl die tatsächliche Existenz von Vineta unter Historiker*innen bis heute umstritten ist, lassen sich Hinweise auf große Handelszentren der

slawischen Stämme entlang der Ostseeküste und des Peenetals finden, die im frühen Mittelalter blühten und regen Handel trieben. Einige Historikerinnen vermuten, dass Vineta eine Art Symbol für diese bedeutenden Handelsplätze war, die das Wissen, die Güter und die kulturellen Errungenschaften der germanischen, slawischen und skandinavischen Völker vereinten.

Tatsächlich existierten im Peenetal und entlang der Ostseeküste zur damaligen Zeit zahlreiche Handelsniederlassungen und Siedlungen, die eine Brücke zwischen den Kulturen bildeten und über Land- und Wasserwege vernetzt waren. Die Peene diente dabei als wichtige Handelsstraße, die Waren aus dem Landesinneren bis zur Küste brachte, wo sie weiter nach Skandinavien, ins Baltikum und zu den Handelsplätzen des Hanseverbunds transportiert wurden.

Auch wenn es keine archäologischen Beweise für die Existenz von Vineta gibt, lebt der Mythos als moralisches und kulturelles Erbe in der Region weiter. Die Legende von Vineta reflektiert die Ängste und Hoffnungen der Menschen, die in den Städten entlang der Küste lebten, und ist ein Spiegelbild der Sehnsucht nach einer harmonischen und wohlhabenden Gesellschaft. Doch die Sage dient auch als Mahnung und weist auf die Vergänglichkeit des Reichtums und die Gefahren des Hochmuts hin. In dieser Funktion hat die Vineta-Geschichte eine bedeutende kulturelle und moralische Komponente, die bis heute in der Region weiterlebt und Anklam als „Hüter der Legende" mitprägt.

Die Verbindung der Stadt Anklam zur Vineta-Legende zeigt sich in regionalen Festen, in literarischen Werken und in der Kunst. Die Legende wird bis heute in Theaterstücken, Gedichten und Erzählungen weitergeführt, und man kann die Spuren des Mythos in der lokalen Kunst und Architektur finden. Anklam hat die Geschichte von Vineta in seine kulturelle Identität aufgenommen und feiert seine mythische Verbindung zu dieser sagenumwobenen Stadt. Diese besondere Verbindung zur Vergangenheit stärkt das Gemeinschaftsgefühl und das Selbstbewusstsein der Bürger*innen und unterstreicht die historische und kulturelle Bedeutung der Stadt im Peenetal.

Mystik und Naturverbundenheit im Peenetal

Das Peenetal, mit seinen ausgedehnten Flusslandschaften, Wäldern und Marschen, hat seit jeher eine besondere Anziehungskraft auf die Menschen der Region ausgeübt. Der Fluss Peene, der als eine der letzten unberührten Flusslandschaften Europas gilt, ist nicht nur eine ökologische, sondern auch eine kulturelle Lebensader. Die Menschen, die entlang des Flusses lebten und handelten, entwickelten eine tiefe Naturverbundenheit, die im Einklang mit den Gezeiten, den Jahreszeiten und den Gegebenheiten der Natur stand. Diese enge Beziehung zur Umwelt prägte das alltägliche Leben und die spirituellen Überzeugungen der Anwohner*innen und verlieh dem Peenetal eine fast mystische Bedeutung.

Der Fluss, der still und majestätisch durch die Landschaft fließt, wurde als lebendiges Wesen betrachtet, das Schutz und Nahrung bot, aber auch unberechenbar sein konnte. Für die Fischer*innen, Schiffer*innen und Bauern des Peenetals war die Peene mehr als nur ein Wasserlauf – sie war eine Quelle der Spiritualität und ein Symbol für die Verbundenheit der Menschen mit der Natur. Die Geschichten über Vineta, die das Wasser als Schauplatz für das Schicksal der versunkenen Stadt darstellten, verstärkten dieses Bild und gaben der Umgebung eine fast mystische Dimension.

Bis heute sind die Erzählungen über Vineta und die mystische Atmosphäre des Peenetals lebendig geblieben und prägen das kulturelle Leben der Region. Es ist diese besondere Verbindung zwischen Mensch und Natur, zwischen Geschichte und Legende, die Anklam und das Peenetal auszeichnet und eine einzigartige kulturelle Identität verleiht. In den stillen Morgenstunden, wenn der Nebel über dem Fluss aufsteigt, scheint es fast, als könnte man die Glocken von Vineta in der Ferne hören und einen Blick auf die geheimnisvolle Stadt werfen, die als symbolisches Mahnmal unter den Wellen der Ostsee ruht.

Kapitel 5: Das Peenetal als Handels- und Verkehrsweg

Das Peenetal hat in der Geschichte Anklams eine zentrale Rolle gespielt und war über Jahrhunderte hinweg eine bedeutende Handelsroute, die die Stadt mit den Märkten und Ressourcen des Hinterlands sowie der Ostseeküste verband. Der Fluss Peene, mit seinen zahlreichen Nebenflüssen und Verzweigungen, diente als „blaue Ader" des Handels und bildete die Grundlage für den wirtschaftlichen Aufstieg Anklams. Besonders in der Hansezeit trug die Peene zur Entwicklung und Blüte der Stadt bei und verband Anklam mit anderen Handelszentren der Region.

Die strategische Bedeutung der Peene

Die geografische Lage Anklams am Ufer der Peene war entscheidend für seine Rolle als Handelsplatz und strategisches Zentrum. Der Fluss, der sich träge durch die flache Landschaft Nordostdeutschlands schlängelt, erstreckt sich über eine große Distanz und verbindet das Binnenland mit der Ostsee. Diese Anbindung an die Küste ermöglichte es Anklam, seine Waren und Ressourcen effizient zu transportieren und machte die Stadt zu einem wichtigen Knotenpunkt für den Handel in der Region. Für die Händler*innen und Kaufleute war die Peene der Hauptweg, um Waren aus dem Binnenland nach Anklam und weiter zur Ostsee zu bringen. Von dort konnten sie in die Handelsrouten der Hanse integriert werden, die Anklam mit Städten wie Lübeck, Danzig und

Visby verbanden. Die Peene stellte somit nicht nur eine wirtschaftliche Verbindung zur Hanse dar, sondern auch ein Symbol für Anklams Zugang zur Welt. Über den Fluss wurden sowohl landwirtschaftliche Produkte wie Getreide und Vieh als auch Rohstoffe wie Holz und Felle transportiert, die von den umliegenden Dörfern und Siedlungen bezogen wurden und in Anklam gehandelt oder weiterverarbeitet wurden.

Häfen und Handelsplätze entlang der Peene

Im Verlauf der Jahrhunderte entstanden entlang der Peene kleine Häfen und Umschlagplätze, die den Handel erleichterten und das wirtschaftliche Leben des Peenetals stärkten. Diese Handelsplätze dienten als Ankerpunkte für die Bevölkerung der Region und boten Zugang zu Märkten, die ihnen ansonsten verschlossen geblieben wären. Die Handelsplätze entlang des Flusses entwickelten sich zu kleinen Zentren, an denen die Händler*innen Waren umschlugen, die dann per Schiff nach Anklam oder weiter ins Landesinnere transportiert wurden.

Diese Häfen hatten nicht nur eine logistische, sondern auch eine soziale Funktion. An den Anlegestellen begegneten sich Menschen unterschiedlicher Herkunft: Fischer*innen*, *Händler*innen, Handwerker*innen und* *Bauern*innen kamen zusammen, um zu handeln, Informationen auszutauschen und soziale Kontakte zu knüpfen. Für die Anwohner*innen des Peenetals waren die Handelsplätze am Fluss wichtige Anlaufstellen, die das wirtschaftliche und soziale Leben der Region prägten. Sie boten nicht nur die Möglichkeit, Waren zu erwerben und zu verkaufen, sondern auch die Gelegenheit, Neuigkeiten und Informationen aus anderen Regionen zu erfahren. Die Häfen waren Orte des Austauschs und der Kommunikation, an denen die Menschen Kontakte knüpften und die Gemeinschaft stärkten.

Das Leben am Fluss

Das alltägliche Leben am Fluss war von den Jahreszeiten und den Wasserständen der Peene abhängig. Im Sommer war der Fluss ein Ort geschäftigen Treibens, an dem die Händler*innen ihre Waren umluden, und die Fischer*innen ihre Netze auswarfen. Im Winter jedoch, wenn die Peene teilweise zufror und der Handel zum Erliegen kam, waren die Menschen auf ihre Vorräte angewiesen und das Leben wurde ruhiger. Die Menschen entlang der Peene lebten in engem Einklang mit der Natur und waren stark von den Bedingungen des Flusses geprägt. Viele lebten direkt am Wasser und waren sowohl ökonomisch als auch kulturell auf den Fluss angewiesen, der ihnen Nahrung, Wasser und Einkommen bot.

Die Fischerinnen waren dabei ein fester Bestandteil des Lebens entlang der Peene und spielten eine wichtige Rolle im wirtschaftlichen Kreislauf der Region. Der Fluss war reich an Fischbeständen, die eine wichtige Nahrungsquelle darstellten und in Anklam gehandelt wurden. Die Fischerinnen kannten die Laichzeiten und die besten Fangplätze und entwickelten Techniken und Netze, die an die Bedingungen des Flusses angepasst waren. Diese Kenntnisse wurden von Generation zu Generation weitergegeben und trugen dazu bei, dass die Menschen der Region eine tiefe Verbindung zur Peene entwickelten. Der Fluss war mehr als nur ein Handelsweg – er war ein Teil des Lebens und der Identität der Menschen, die an seinen Ufern lebten.

Neben den Fischer*innen und Händler*innen waren auch die Anwohner*innen des Hinterlands auf den Handel entlang der Peene angewiesen. Die Bauernhöfe und kleinen Siedlungen entlang des Flusses versorgten Anklam mit Lebensmitteln und Rohstoffen und profitierten vom regen Austausch, der durch den Fluss ermöglicht wurde. Die Bauern lieferten Getreide, Vieh und andere landwirtschaftliche Produkte, die in Anklam verarbeitet und gehandelt wurden. Der Fluss war somit eine Lebensader, die die städtische und ländliche Bevölkerung miteinander verband und das wirtschaftliche Gefüge der Region stärkte.

Die Peene als Ort der Begegnung und des Austauschs

Der Fluss Peene war nicht nur eine wirtschaftliche Ressource, sondern auch ein Ort der Begegnung und des kulturellen Austauschs. Die Händler*innen, die über den Fluss reisten, brachten nicht nur Waren, sondern auch Ideen und Einflüsse aus anderen Regionen mit. Sie berichteten von neuen Techniken, Bräuchen und Sitten, die sie auf ihren Reisen kennengelernt hatten, und bereicherten so das kulturelle Leben der Region. Durch die Handelswege der Peene gelangten Einflüsse aus anderen Hansestädten und sogar aus Skandinavien nach Anklam, was zur Entstehung einer vielfältigen und offenen Gemeinschaft beitrug.

Der kulturelle Austausch, der über die Peene stattfand, war eine wichtige Grundlage für das geistige und künstlerische Leben Anklams und des Peenetals. Der Fluss fungierte als Brücke zwischen verschiedenen Kulturen und ermöglichte es den Menschen, neue Ideen und Sichtweisen zu übernehmen und sich mit der Welt zu verbinden. Die Peene brachte somit nicht nur materiellen Wohlstand, sondern auch geistige Bereicherung und trug dazu bei, dass Anklam sich als kulturelles Zentrum der Region etablierte.

Kapitel 6: Vineta, das Peenetal und die Identität Anklams

Der Mythos von Vineta und die lebendige Verbindung zum Peenetal prägen Anklams Identität seit Jahrhunderten und machen die Stadt zu einem Ort, der Geschichte, Kultur und Natur auf einzigartige Weise vereint. Die Vineta-Legende sowie die Bedeutung des Flusses Peene als Lebensader symbolisieren den Stolz und das Bewusstsein der Stadt für ihre historischen Wurzeln. Anklam entwickelte über die Jahrhunderte hinweg ein kulturelles Erbe, das sowohl die Realität als auch die Faszination für das Mythische widerspiegelt und das Selbstverständnis der Stadt und ihrer Bürger*innen nachhaltig formt.

Die Vineta-Legende und das Stadtbewusstsein

Der Vineta-Mythos hat sich tief in das kulturelle Bewusstsein der Menschen in Anklam eingebrannt. Die Legende wird nicht nur als Geschichte, sondern als lebendiger Bestandteil der Stadtwahrnehmung betrachtet. Die Erzählungen über die einst prachtvolle und mächtige Stadt Vineta inspirieren die Bewohner*innen *bis heute und schaffen eine Verbindung zur Vergangenheit, die über den Alltag hinausgeht. Die Geschichte von Vineta, die einerseits die Möglichkeiten und den Wohlstand einer Stadt symbolisiert, andererseits jedoch auch die Warnung vor Hochmut und Überheblichkeit beinhaltet, dient den Anklamer*innen als Mahnung und Quelle des Stolzes zugleich.*

Das Bewusstsein um die Vineta-Legende trägt zur Identität Anklams bei und verleiht der Stadt eine besondere Aura des Mystischen und Historischen. In lokalen Veranstaltungen und Festen, die oft mit der Vineta-Legende verknüpft sind, wird das Erbe der Stadt gefeiert und an die jüngeren Generationen weitergegeben. Die Vineta-Sage ermöglicht den Bürger*innen, ihre Stadt nicht nur als geografischen Ort, sondern als kulturelles Erbe zu erleben. In dieser Geschichte finden die Anklamerinnen eine Symbolik für Stärke, Widerstandsfähigkeit und die moralische Verpflichtung, die eigene Geschichte zu bewahren und aus den Fehlern der Vergangenheit zu lernen.

Symbolik des Flusses und der Legende

Die Peene und die Legende von Vineta sind untrennbar mit dem Leben und der Kultur Anklams verbunden. Der Fluss, der durch seine mäandernde Landschaft und seine Bedeutung als Handelsweg das Leben der Region bestimmt, symbolisiert die Verbindung zwischen Natur und Kultur und verkörpert die Herausforderungen und Möglichkeiten des Lebens am Wasser. Für die Menschen in Anklam steht die Peene für das Leben selbst – eine Quelle des Wohlstands und gleichzeitig eine unberechenbare Kraft, die Respekt und Ehrfurcht erfordert. Der Fluss wurde oft als spirituelles Element angesehen, als eine Art Schutzpatron der Region, der die Menschen mit Nahrung und Wasser versorgt und zugleich als Schauplatz der Vineta-Legende den Schleier zur mythischen Welt öffnet.

Die Symbolik der Vineta-Legende, die in der Tiefe der Peene und der Ostsee verborgen liegt, hat auch einen psychologischen Einfluss auf das städtische Selbstverständnis. Vineta als Mahnung und als Möglichkeit, die Vergangenheit zu bewahren, spiegelt die kulturellen Werte wider, die den Anklamer*innen wichtig sind: eine Mischung aus Stolz, Demut und Verbundenheit zur Natur. Die Vineta-Legende erinnert die Menschen daran, dass alles, was aufgebaut wird, ebenso vergänglich sein kann und dass die Verbundenheit mit der eigenen Geschichte ein Mittel ist, die Kultur lebendig zu halten. Der Fluss und die Legende sind somit mehr als nur Erzählungen – sie sind lebendige Symbole, die das Selbstbild und die kulturellen Werte Anklams prägen.

Gegenwart und Vergangenheit verknüpft

Die Verknüpfung von Geschichte und Moderne zeigt sich in Anklam auch heute noch in zahlreichen kulturellen Aktivitäten und Projekten, die auf das Erbe der Stadt Bezug nehmen. Die Vineta-Legende und die Bedeutung des Peenetals werden durch lokale Kunst, Theater und Literatur immer wieder neu interpretiert. Veranstaltungen, die die Geschichte und die kulturelle Bedeutung der Peene feiern, ziehen Besucher*innen an und tragen dazu bei, dass das historische Erbe der Stadt weiterlebt. Die Vineta-Legende und die Natur des Peenetals finden ihren Ausdruck in Theateraufführungen, Buchprojekten und Bildkunst, die die Verbindung zwischen den Menschen und ihrer Umwelt thematisieren.

Eine besonders bemerkenswerte Tradition in Anklam ist das jährlich stattfindende Vineta-Fest, bei dem die Stadt die Erinnerung an die versunkene Stadt Vineta zelebriert. Durch Theaterstücke, Musik und Kunstinstallationen wird die Geschichte von Vineta wieder zum Leben erweckt und das kulturelle Erbe der Region gewürdigt. Das Vineta-Fest ist nicht nur ein Ausdruck der kulturellen Identität Anklams, sondern auch eine Gelegenheit, die Bewohner*innen und Besucher*innen auf die Geschichte und die Symbolik aufmerksam zu machen, die Anklam seit Jahrhunderten prägt. In der modernen Kunstszene von Anklam wird die Vineta-Legende ebenfalls als Inspiration genutzt, und die Peene wird als Motiv für die künstlerische Auseinandersetzung gewählt. Künstler*innen interpretieren die Geschichte von Vineta auf neue und zeitgemäße Weise und schaffen Werke, die die mythische Vergangenheit und die gegenwärtige Realität miteinander verbinden. So finden sich in Skulpturen und Malereien Darstellungen der versunkenen Stadt und des Flusses, die die Vergangenheit in die Gegenwart holen und das kulturelle Gedächtnis bewahren. Das Peenetal und die Vineta-Legende sind unvergängliche Symbole, die die Geschichte, Kultur und das Leben der Menschen in Anklam vereinen. Sie zeigen, dass die Vergangenheit und die Gegenwart in einem ständigen Dialog stehen und dass die kulturelle Identität einer Stadt nicht nur aus ihren historischen Errungenschaften besteht, sondern auch aus der Fähigkeit, die eigene Geschichte lebendig und zugänglich zu halten. Für Anklam bedeutet das, eine Verbindung zur Vergangenheit zu pflegen und diese mit modernen kulturellen Ausdrucksformen zu vereinen, sodass die Stadt ihre Geschichte feiert und gleichzeitig neue Perspektiven für die Zukunft entwickelt.

Kapitel 7: Anklam in der DDR-Zeit: Alltag und Ideologie

In der Zeit der DDR erlebte Anklam eine Phase umfassender Veränderungen, die das Leben der Menschen auf wirtschaftlicher, sozialer und kultureller Ebene nachhaltig prägten. Das Leben in der DDR war geprägt vom Einfluss der sozialistischen Ideologie und der Herrschaft der Sozialistischen Einheitspartei Deutschlands (SED), die in nahezu allen Lebensbereichen präsent war. Für die Menschen in Anklam bedeutete dies eine komplexe Mischung aus Sicherheit und Einschränkungen, aus Gemeinschaft und staatlicher Kontrolle, die den Alltag bestimmte und das soziale Leben der Stadt formte.

Leben unter dem sozialistischen Regime

Der Alltag in Anklam zur DDR-Zeit war von einem relativ einfachen Lebensstil geprägt, der sich durch eine gewisse materielle Bescheidenheit und eine sozialistische Gleichheitshaltung auszeichnete. Viele Menschen in der Stadt lebten in Plattenbauwohnungen, die in den 1960er- und 1970er-Jahren erbaut wurden und dem Staat die Möglichkeit gaben, schnell und effizient Wohnraum zu schaffen. Diese Wohnungen waren praktisch eingerichtet, jedoch schlicht, und boten den Familien oft nur das Nötigste. Dennoch waren die Menschen stolz auf ihre Wohnung und betrachteten sie als wichtigen Teil ihrer Lebenswirklichkeit.

Die Versorgungslage war jedoch nicht immer einfach. In Anklam, wie auch in vielen anderen Teilen der DDR, waren bestimmte Konsumgüter

Mangelware und oft nur schwer zu bekommen. Lebensmittel wie Bananen, Kaffee und Schokolade galten als Luxus, den sich nur wenige leisten konnten. Die Bürger*innen arrangierten sich mit diesen Einschränkungen und entwickelten kreative Lösungen, um mit den vorhandenen Ressourcen auszukommen. Die Mangelwirtschaft führte auch zu einer starken Nachbarschaftshilfe, bei der sich die Menschen gegenseitig unterstützten und tauschten, was sie hatten. So entstand ein Gefühl der Zusammengehörigkeit und Solidarität, das vielen als wertvolles Element der DDR-Gesellschaft in Erinnerung blieb.

Die Rolle der SED und des Staates

Die Sozialistische Einheitspartei Deutschlands (SED) war in der DDR allgegenwärtig und übte eine umfassende Kontrolle über alle Bereiche des Lebens aus. In Anklam war die Partei der zentrale Akteur in Politik und Gesellschaft, und viele wichtige Entscheidungen wurden von der SED bestimmt oder zumindest beeinflusst. Die Bürgerinnen wurden dazu ermutigt, der Partei beizutreten, da dies berufliche Vorteile brachte und gesellschaftliches Ansehen verschaffte. Auch wenn nicht alle Einwohnerinnen Mitglied der SED waren, so führte die Partei eine strenge Aufsicht über das Leben der Menschen und setzte die sozialistischen Ideale und Normen durch.

Die Kontrolle der SED erstreckte sich über die Arbeitsplätze, das Bildungswesen und sogar das Freizeitverhalten der Bürgerinnen. Die Partei plante und verwaltete die wirtschaftliche Entwicklung und bestimmte die staatlichen

Betriebe, in denen die Mehrheit der Anklamerinnen beschäftigt war. Wer eine höhere berufliche Position anstrebte, musste sich dem sozialistischen System anpassen und das ideologische Weltbild der Partei vertreten. Diese Kontrolle führte dazu, dass das Leben der Menschen bis in die kleinsten Details reguliert wurde. Die Teilnahme an Veranstaltungen wie der 1. Mai-Demonstration oder den Paraden zum Tag der Republik wurde erwartet und gefördert, um die Verbundenheit der Menschen mit der sozialistischen Ideologie zu stärken.

Die SED war auch für die politische Bildung und ideologische Erziehung der Jugend verantwortlich. Schon frühzeitig wurden Kinder und Jugendliche in die „Junge Pioniere" und später in die „Freie Deutsche Jugend" (FDJ) aufgenommen, Organisationen, die als wichtige Werkzeuge der politischen Einflussnahme dienten. In diesen Organisationen lernten die jungen Menschen die sozialistischen Werte und Ideale kennen und wurden zur Solidarität mit dem Staat und den sozialistischen Ländern erzogen. Diese ideologische Erziehung war allgegenwärtig und prägte das Leben der Jugend, die in einem Umfeld aufwuchs, in dem politische Loyalität und das sozialistische Ideal des „neuen Menschen" im Mittelpunkt standen.

Soziale Netzwerke und Gemeinschaft

Trotz der Kontrolle durch den Staat und die SED gab es in Anklam ein lebendiges Gemeinschaftsleben, das durch enge Nachbarschaften, Familienbande und Freundschaften gekennzeichnet war. Viele

Menschen unterstützten sich gegenseitig und bildeten informelle Netzwerke, die den Alltag in der DDR erleichterten. Diese Netzwerke entstanden aus der Notwendigkeit heraus, mit den eingeschränkten Ressourcen und dem Mangel an Konsumgütern umzugehen. Die Menschen tauschten Waren und Dienstleistungen und halfen einander bei alltäglichen Aufgaben wie der Kinderbetreuung, der Gartenarbeit und kleinen Reparaturen.

Das Gemeinschaftsgefühl in Anklam war stark und wurde durch die kollektiven Erfahrungen des Lebens in der DDR gefördert. Die Menschen waren eng miteinander verbunden und entwickelten ein starkes Wir-Gefühl, das auf gegenseitigem Vertrauen und Solidarität beruhte. Diese sozialen Beziehungen wurden auch durch die regelmäßigen Treffen und Feste im Wohnumfeld oder den Betrieb verstärkt. Viele Menschen trafen sich in „Klubs der Werktätigen" oder in Gemeinschaftseinrichtungen, die vom Staat bereitgestellt wurden, um soziale Aktivitäten und Freizeitgestaltung zu fördern. Diese Einrichtungen waren beliebte Treffpunkte und boten den Menschen eine Möglichkeit, sich auszutauschen und das Gemeinschaftsgefühl zu stärken.

Trotz der staatlichen Kontrolle und der Einschränkungen durch die sozialistische Ideologie schufen die Anklamer*innen *ihre eigenen Freiräume, in denen sie ihre persönlichen Beziehungen pflegten und ein Gefühl von Zusammenhalt entwickelten. Familienfeiern, Sportveranstaltungen und kulturelle Anlässe* waren wichtige Elemente des gesellschaftlichen Lebens, die den Menschen eine Auszeit vom politisch geprägten Alltag ermöglichten. Auch wenn das Leben in der DDR vielen Zwängen unterlag, schätzten die Anklamerinnen die Gemeinschaft und das soziale Miteinander, das die Basis ihres Alltags bildete.

Kapitel 8: Die wirtschaftliche und soziale Struktur in der DDR

Die Wirtschaft und das soziale Leben in Anklam waren während der DDR-Zeit fest in die staatlich gelenkte Planwirtschaft eingebunden. Durch die sozialistische Ideologie und die Pläne der SED wurde die Stadt zu einem Zentrum der sozialistischen Industrie und Landwirtschaft umgeformt. Die Bürger*innen Anklams waren in dieser staatlich kontrollierten und organisierten Wirtschaft tätig, sei es in den Betrieben oder auf den landwirtschaftlichen Flächen der Umgebung. Diese Umstrukturierung veränderte das wirtschaftliche Gefüge und den Alltag der Menschen tiefgreifend.

Industrialisierung und Staatsbetriebe

Die DDR-Regierung strebte an, die Städte und Gemeinden wirtschaftlich unabhängig und zugleich in die landesweite Planwirtschaft zu integrieren. In Anklam wurden daher mehrere Betriebe gegründet, die der sozialistischen Industrie dienen sollten. Diese Staatsbetriebe waren in verschiedenen Bereichen tätig und produzierten Güter, die für die DDR-Volkswirtschaft notwendig waren. Einer der bekanntesten Betriebe war das „VEB (Volkseigener Betrieb) Maschinenbau Anklam", das Bauteile und Geräte für die Landwirtschaft und die Bauindustrie herstellte. Hier arbeiteten viele Menschen aus der Stadt und der Umgebung, die durch den Betrieb einen gesicherten Arbeitsplatz und ein festes Einkommen hatten.

Die Arbeit in den Staatsbetrieben war stark durch die sozialistischen Werte und Ideale geprägt. Die Beschäftigten sollten als „Werktätige" des sozialistischen Systems nicht nur wirtschaftlich produktiv sein, sondern auch ideologisch geschult werden. Der Staat organisierte Schulungen, Bildungsprogramme und „Kulturabende", die in den Betrieben abgehalten wurden und zur politischen Bildung der Arbeiterinnen dienten. *Die Betriebe waren auch eng mit der Partei verbunden, die ihre Funktionärinnen in den Betrieb entsandte,* um sicherzustellen, dass die sozialistischen Normen eingehalten wurden. Es gab regelmäßige Versammlungen, bei denen über die Erreichung der Planvorgaben und die kollektiven Produktionsziele diskutiert wurde.

Obwohl die Arbeit in den Staatsbetrieben als sicher und stabil galt, war der Arbeitsalltag oft durch die staatliche Planwirtschaft eingeschränkt. Die Betriebe mussten bestimmte Produktionsquoten erfüllen, unabhängig von der tatsächlichen Nachfrage oder Effizienz. Dies führte häufig zu einem Übermaß an Produktion oder zu Engpässen, die den Betriebsablauf und die Produktqualität beeinträchtigten. Viele Anklamer*innen entwickelten im Laufe der Zeit jedoch ein hohes Maß an Resilienz und Anpassungsfähigkeit, um die Herausforderungen des Systems zu bewältigen. Die Arbeit im Betrieb wurde zu einem wichtigen Teil des gesellschaftlichen Lebens und trug zur Identität der Menschen bei, die sich als Teil der sozialistischen Gemeinschaft verstanden.

Landwirtschaftliche Kollektivierung und die LPGs

Die landwirtschaftlichen Produktionsgenossenschaften (LPGs) spielten eine entscheidende Rolle in der DDR-Wirtschaft und veränderten die Struktur des ländlichen Raums um Anklam. In den 1950er Jahren begann die DDR-Führung mit der Kollektivierung der Landwirtschaft, die darauf abzielte, die landwirtschaftlichen Betriebe in Genossenschaften zusammenzuführen. Private Höfe wurden in LPGs integriert, die kollektiv von den Bauern*innen bewirtschaftet wurden. Dieser Schritt wurde oft gegen den Willen der Landwirt*innen durchgesetzt, die ihre Unabhängigkeit aufgeben mussten und fortan in einem genossenschaftlichen Rahmen tätig waren.

Die LPGs übernahmen die landwirtschaftliche Produktion und brachten die Bauern*innen in Anklam und Umgebung unter ein gemeinsames Dach. Die Kollektivierung führte zu einer Umstrukturierung des ländlichen Lebens, bei der die Landwirt*innen ihre Eigenständigkeit einbüßten und sich an die kollektiven Planvorgaben der DDR-Regierung halten mussten. Die LPGs wurden mit Maschinen und moderner Technik ausgestattet, um die Produktivität zu steigern und die Planvorgaben zu erfüllen. Die Arbeitsweise in der Landwirtschaft änderte sich dadurch grundlegend: Statt kleiner, individuell geführter Höfe gab es nun große genossenschaftlich organisierte Betriebe, in denen die Arbeit kollektiv und arbeitsteilig durchgeführt wurde.

Die Bauern*innen mussten sich den neuen Arbeitsbedingungen anpassen, was oft zu Spannungen und Anpassungsproblemen führte. Viele der älteren Generation empfanden die Kollektivierung als Verlust ihrer Identität und ihrer traditionellen Lebensweise, während die Jüngeren die Vorteile der neuen Strukturen zu schätzen lernten. Die Arbeit in den LPGs war oft hart, jedoch solidarisch geprägt, und förderte das Gemeinschaftsgefühl. In den ländlichen Dörfern rund um Anklam entwickelten sich enge soziale Beziehungen, die durch die kollektive Arbeit und das gemeinsame Leben im Rahmen der LPGs gefestigt wurden.

Die kulturelle Szene und staatliche Einflussnahme

Das kulturelle Leben in Anklam war ebenfalls stark vom Staat beeinflusst und unterlag den strengen Vorgaben der SED. Die DDR-Kulturpolitik zielte darauf ab, das kulturelle Angebot im Sinne des Sozialismus zu gestalten und die Bevölkerung ideologisch zu beeinflussen. Die Stadtverwaltung organisierte zahlreiche Veranstaltungen und „Kulturhäuser", die als zentrale Treffpunkte für die Bürger*innen dienten. In diesen Kulturhäusern wurden Theateraufführungen, Lesungen, Konzerte und Filmvorführungen angeboten, die jedoch den sozialistischen Werten und Normen entsprechen mussten.

Die kulturelle Szene in Anklam war vielfältig, jedoch durch die Zensur und Kontrolle der SED eingeschränkt. Künstlerinnen, Musikerinnen und Schriftstellerinnen konnten sich nur begrenzt frei ausdrücken und mussten sicherstellen, dass ihre Werke der staatlichen Linie entsprachen.

*Künstlerische Freiheit war somit stark begrenzt, und viele Künstler*innen mussten ihre kreativen Ideen den ideologischen Vorgaben des Staates anpassen oder riskierten, keine Plattform für ihre Werke zu finden. Dies führte dazu, dass viele kulturelle Werke den Sozialismus und die Errungenschaften der Arbeiterklasse glorifizierten und die sozialistischen Ideale widerspiegelten. Trotz dieser Einschränkungen war das kulturelle Leben in Anklam lebendig und ein wichtiger Bestandteil des gesellschaftlichen Lebens. Viele Menschen nutzten die Kulturhäuser und die Veranstaltungen, um sich auszutauschen und Gemeinschaft zu erleben. Die kulturellen Aktivitäten waren eine Möglichkeit, den Alltag zu bereichern und neue Perspektiven zu gewinnen. Die staatliche Kontrolle führte dazu, dass die Bürger*innen kreativ werden mussten, um die staatlichen Vorschriften zu umgehen und dennoch ihre eigenen Ideen und Werte auszudrücken. In dieser Hinsicht entwickelte sich eine Art „Kulturszene im Verborgenen", die den Menschen Raum für persönliche und künstlerische Ausdrucksformen bot, auch wenn diese nicht öffentlich anerkannt wurden.

Kapitel 9: Wendejahre und Wiedervereinigung in Anklam

Die Wendejahre und die Wiedervereinigung brachten für Anklam eine Phase tiefgreifender Veränderungen und Herausforderungen mit sich, die das gesellschaftliche und wirtschaftliche Leben der Stadt nachhaltig prägten. Der friedliche Umbruch und der Zusammenbruch der DDR lösten eine Aufbruchsstimmung und gleichzeitig Unsicherheit aus. Die Menschen in Anklam standen vor der Herausforderung, sich an eine neue politische, wirtschaftliche und soziale Realität anzupassen. Die Wende und die folgenden Jahre führten zu einer Umstrukturierung der Stadt, bei der alte Strukturen aufgebrochen und neue Perspektiven gesucht wurden.

Politischer Umbruch und die Wendezeit

Im Herbst 1989 brach in der DDR eine Welle von Demonstrationen und Protesten aus, die auch Anklam erreichten und zur friedlichen Revolution führten. Bürgerinnen, *die über Jahrzehnte unter der Kontrolle der SED gelebt hatten, gingen nun auf die Straße, um Freiheit und Demokratie zu fordern. Die Menschen in Anklam schlossen sich den Montagsdemonstrationen an, die sich in der gesamten DDR ausbreiteten und die politischen Strukturen ins Wanken brachten. Die Forderungen nach Reisefreiheit, Meinungsfreiheit und freien Wahlen wurden laut, und das Selbstbewusstsein der Bürgerinnen* wuchs in einer noch nie dagewesenen Weise.

Die friedlichen Proteste, die in Anklam und vielen anderen Städten stattfanden, führten schließlich zur Auflösung der SED-Herrschaft und zur ersten freien Wahl im März 1990. Diese Zeit des politischen Umbruchs war für viele Menschen in Anklam eine Phase des Aufbruchs und der Hoffnung auf eine bessere Zukunft. Gleichzeitig herrschte jedoch Unsicherheit, da die gewohnten Strukturen der DDR verschwanden und niemand genau wusste, wie die neue politische und wirtschaftliche Ordnung aussehen würde. Die Menschen in Anklam mussten sich neu orientieren und einen Weg finden, ihre Stadt und ihr Leben unter den veränderten Bedingungen zu gestalten.

Herausforderungen der Wiedervereinigung

Mit der Wiedervereinigung Deutschlands im Oktober 1990 begann für Anklam eine neue Ära, die von tiefgreifenden sozialen und wirtschaftlichen Herausforderungen geprägt war. Der Übergang zur Marktwirtschaft bedeutete das Ende der bisherigen Planwirtschaft und den Beginn eines offenen Marktes, auf den viele Menschen in Anklam nicht vorbereitet waren. Die Staatsbetriebe, die zuvor das Rückgrat der städtischen Wirtschaft gebildet hatten, wurden privatisiert oder geschlossen, was zu einem massiven Arbeitsplatzverlust führte. Viele Anklamer*innen verloren ihre Arbeit und standen vor einer ungewissen Zukunft.

Die landwirtschaftlichen Produktionsgenossenschaften (LPGs) wurden ebenfalls aufgelöst, und viele Landwirt*innen sahen sich gezwungen, ihre Betriebe neu zu organisieren oder aufzugeben. Die traditionellen Wirtschaftsstrukturen, die Anklam über Jahrzehnte geprägt hatten, brachen zusammen und hinterließen eine wirtschaftliche Unsicherheit, die sich auf alle Bereiche des städtischen Lebens auswirkte. Die Stadt musste sich neuen wirtschaftlichen Herausforderungen stellen und Wege finden, um sich im vereinten Deutschland zu behaupten.

Neben den wirtschaftlichen Schwierigkeiten gab es auch soziale Herausforderungen, die die Menschen in Anklam bewältigen mussten. Die Wiedervereinigung brachte einen tiefgreifenden kulturellen Wandel mit sich, da die Menschen nun Teil einer neuen Gesellschaft wurden, die von westlichen Werten und Lebensweisen geprägt war. Viele Bürger*innen hatten Schwierigkeiten, sich an die veränderten gesellschaftlichen Normen anzupassen und ihren Platz in der neuen Gesellschaft zu finden. Das Gefühl des Verlustes von Stabilität und Sicherheit, das die DDR trotz ihrer Einschränkungen geboten hatte, war für viele Menschen spürbar und führte zu einer inneren Zerrissenheit.

Ein neues Selbstverständnis für Anklam

Die Wende und die Wiedervereinigung veränderten nicht nur die politische und wirtschaftliche Struktur Anklams, sondern auch das Selbstverständnis der Stadt und ihrer Bürger*innen. Nach der Wiedervereinigung begann Anklam, sich neu zu definieren und eine eigene Identität im wiedervereinten Deutschland zu entwickeln. Die Stadt stand vor der Herausforderung, ihre Traditionen und ihre Vergangenheit zu bewahren, während sie sich gleichzeitig den Anforderungen und Möglichkeiten der neuen Zeit anpasste.

Viele Bürger*innen engagierten sich in Vereinen, Initiativen und politischen Gruppen, um den Wandel in Anklam aktiv mitzugestalten. Es entstand eine neue Generation von Menschen, die sich für die Stadt und ihre Entwicklung einsetzten und versuchten, das Erbe der DDR-Zeit mit der modernen Zukunft zu verbinden. Kulturelle Veranstaltungen, Bürgerinitiativen und soziale Projekte trugen dazu bei, dass Anklam seine eigene Identität im vereinten Deutschland fand und das Gemeinschaftsgefühl stärkte.

Das Selbstverständnis Anklams wandelte sich zu einer Mischung aus Stolz auf die eigene Geschichte und Offenheit für neue Ideen und Entwicklungen. Die Stadt nutzte ihre historischen Wurzeln, darunter auch die Vineta-Legende und die Verbindung zum Peenetal, um eine kulturelle Identität zu formen, die sowohl die Vergangenheit als auch die Gegenwart widerspiegelt. Dieser Prozess der Identitätsfindung war nicht immer einfach und führte zu zahlreichen Diskussionen und Herausforderungen, doch die Menschen in Anklam fanden Wege, ihre Stadt zu einem Ort des Zusammenhalts und der Erneuerung zu machen.

Die Wiedervereinigung brachte Anklam Herausforderungen und Chancen zugleich. Die wirtschaftlichen und sozialen Veränderungen stellten die Stadt und ihre Bürger*innen vor große Aufgaben, doch die Erfahrungen der Wendezeit und die neuen Perspektiven gaben den Anklamer*innen die Kraft, ihre Stadt neu zu gestalten und die Werte von Solidarität, Gemeinschaft und kultureller Identität weiter zu pflegen. Heute steht Anklam als Beispiel für eine Stadt, die ihre Vergangenheit reflektiert und zugleich in die Zukunft blickt, ein Ort, der aus den Veränderungen der Wendejahre eine neue Stärke gewonnen hat.

Kapitel 10: Anklam im vereinten Deutschland: Aufbruch und Erneuerung

Mit der Wiedervereinigung und dem Eintritt in eine neue Ära hat Anklam den Übergang von einer Stadt im sozialistischen System zu einem Ort im wiedervereinten Deutschland bewältigt. Diese Entwicklung war von zahlreichen Veränderungen und Herausforderungen geprägt, die nicht nur das wirtschaftliche, sondern auch das kulturelle und soziale Leben der Stadt beeinflussten. Anklam hat sich in den letzten Jahrzehnten weiterentwickelt und seine Identität in einem modernen Kontext neu gefunden.

Wirtschaftlicher Wandel und Herausforderungen

Die wirtschaftliche Situation in Anklam war nach der Wiedervereinigung durch den Zusammenbruch der bisherigen Betriebe und die Schließung der LPGs geprägt. Die Stadt musste sich auf dem offenen Markt behaupten und sich von einer planwirtschaftlich geprägten Struktur hin zu einer marktorientierten Wirtschaft entwickeln. Dies war für viele Anklamer*innen ein schwieriger und oft schmerzhafter Prozess, da Arbeitsplätze verloren gingen und sich die wirtschaftlichen Grundlagen veränderten.

In den vergangenen Jahren hat sich jedoch eine Vielzahl neuer Branchen und Unternehmen in Anklam angesiedelt, die moderne Arbeitsplätze bieten und zur wirtschaftlichen Stabilität der Stadt beitragen. Der Schwerpunkt liegt heute verstärkt auf kleinen und mittelständischen Betrieben sowie auf der Förderung von Tourismus und Dienstleistungen, die den regionalen Charakter

Anklams nutzen. Besonders der Tourismus, der auf das historische Erbe der Stadt und die Nähe zum Peenetal setzt, hat sich als ein wachsender Wirtschaftszweig entwickelt und bietet viele neue Möglichkeiten.

Gleichzeitig setzen sich die Stadt und ihre Bewohner*innen dafür ein, junge Menschen in Anklam zu halten und ihnen Perspektiven zu bieten. Die Ausbildung und das Angebot an Arbeitsplätzen für junge Leute ist ein wichtiger Aspekt, der langfristig zur Stabilität der Stadt beitragen soll. Durch die Unterstützung lokaler Initiativen und die Förderung von Start-ups versucht Anklam, eine lebendige und zukunftsorientierte Wirtschaft zu entwickeln, die Arbeitsplätze und Wohlstand schafft und das Abwandern der jungen Generation verhindert.

Kulturelle Erneuerung und Erbe

Die kulturelle Szene in Anklam hat sich seit der Wendezeit deutlich verändert und zeigt heute eine Mischung aus Tradition und Moderne. Die Vineta-Legende und die enge Verbindung zum Peenetal sind nach wie vor wichtige kulturelle Symbole, die die Identität der Stadt prägen. Anklam nutzt diese historischen und mythischen Elemente, um ein reichhaltiges kulturelles Angebot zu schatten, das sowohl die Bewohner*innen als auch Tourist*innen anspricht. Das jährlich stattfindende Vineta-Fest, Theaterstücke und kulturelle Projekte machen das Erbe der Stadt lebendig und tragen zur Stärkung des Gemeinschaftsgefühls bei.

Die Stadt setzt zudem auf moderne kulturelle Ausdrucksformen und bietet Künstler*innen und

Kreativen Raum, sich in Anklam niederzulassen
und ihre Ideen umzusetzen. In den letzten Jahren
sind verschiedene Galerien, Kunst- und
Kulturinitiativen entstanden, die das kulturelle
Leben bereichern und neue Impulse setzen.
Diese Initiativen, oft von jungen Anklamerinnen
und Rückkehrern aus anderen Teilen
Deutschlands gegründet, schaffen eine
dynamische und lebendige Kulturszene, die Altes
und Neues verbindet und die Stadt für die Zukunft
stärkt.
Die Verbindung von Tradition und Innovation wird
auch in der Restaurierung und Erhaltung der
historischen Bauten und des Stadtbildes sichtbar.
Gebäude aus der Hansezeit und dem Mittelalter
sowie Denkmäler aus der DDR-Zeit werden
sorgfältig erhalten und restauriert, um das
kulturelle Erbe zu bewahren und zugleich Raum
für moderne Nutzungsmöglichkeiten zu schaffen.
Diese Bemühungen tragen dazu bei, dass
Anklam seine Geschichte bewahrt und
gleichzeitig ein moderner, attraktiver Wohn- und
Arbeitsort bleibt.

Soziale Strukturen und Gemeinschaft
Die Menschen in Anklam haben sich seit der
Wiedervereinigung neu organisiert und ein starkes
Gemeinschaftsgefühl entwickelt, das die Stadt bis
heute prägt. In den Jahren nach der
Wiedervereinigung entstanden viele
Bürgerinitiativen und Vereine, die sich für soziale
Projekte, Umweltschutz und die Förderung der
Gemeinschaft engagieren. Diese Initiativen
tragen dazu bei, dass Anklam ein Ort bleibt, an

dem sich die Menschen gegenseitig unterstützen und aktiv am Stadtleben teilnehmen.

Besonders das Peenetal und die umliegende Natur sind ein wichtiger Bestandteil des sozialen Lebens in Anklam geworden. Wander- und Radwege, Naturschutzgebiete und Freizeitmöglichkeiten bieten den Bewohner*innen einen Ausgleich zum Alltag und stärken das Bewusstsein für den Naturschutz und die Bedeutung der Umwelt. Der Zugang zur Natur ist für die Menschen in Anklam ein wertvolles Gut, das sie pflegen und bewahren möchten, um es auch für zukünftige Generationen zu erhalten.

Das soziale Engagement zeigt sich auch in der Unterstützung der älteren Generation und in Projekten, die den Austausch zwischen den Generationen fördern. Initiativen, die Senioren mit Jugendlichen und Kindern zusammenbringen, schaffen ein Miteinander, das auf gegenseitigem Respekt und dem Austausch von Erfahrungen basiert. Anklam pflegt ein Gemeinschaftsgefühl, das Menschen jeden Alters einbezieht und die Werte von Solidarität und Zusammenhalt weiterträgt.

Anklam im 21. Jahrhundert

Heute steht Anklam als Stadt im 21. Jahrhundert vor der Herausforderung, Tradition und Moderne miteinander zu verbinden und eine nachhaltige Entwicklung voranzutreiben. Die Stadt nutzt ihre historische und kulturelle Stärke, um ein einzigartiges Profil zu schaffen, das sie von anderen Städten abhebt und das Gemeinschaftsgefühl der Bewohner*innen stärkt. Die fortlaufende Restaurierung historischer

Gebäude, die Förderung von Kulturprojekten und der Ausbau der wirtschaftlichen Infrastruktur sind Teil einer langfristigen Strategie, Anklam als lebenswerten und zukunftsfähigen Ort zu gestalten.

Die Anklamer*innen sind stolz auf ihre Stadt und darauf, wie sie die Herausforderungen der letzten Jahrzehnte gemeistert haben. Mit einem Blick auf die Vergangenheit und den Chancen der Gegenwart ist Anklam ein Beispiel für eine Stadt, die sich immer wieder neu erfindet und aus den Erfahrungen der Geschichte neue Kraft schöpft. Der Weg in die Zukunft basiert auf einem starken Gemeinschaftsgefühl und dem Willen, die Stadt weiterzuentwickeln und für die kommenden Generationen zu bewahren.

Kapitel 11: Anklams Zukunft: Visionen und Herausforderungen

Anklam blickt heute mit einer gefestigten Identität in die Zukunft. Die Stadt hat sich über die Jahrhunderte hinweg immer wieder neuen Herausforderungen gestellt und ihre Gemeinschaftsstrukturen und kulturellen Wurzeln gepflegt. Nun steht Anklam vor der Aufgabe, nachhaltige Entwicklungen voranzutreiben, sich modernen Technologien und Umweltfragen zu stellen und gleichzeitig ein lebenswertes Umfeld für die Bürger*innen zu schaffen. Dieses Kapitel befasst sich mit den Zukunftsperspektiven und Visionen, die Anklam in den kommenden Jahrzehnten leiten könnten.

Nachhaltige Stadtentwicklung und Umweltschutz

Die besondere Lage Anklams im Peenetal und die Nähe zu Naturreservaten und geschützten Flächen machen Umweltschutz und nachhaltige Stadtentwicklung zu zentralen Themen. Anklam hat sich vorgenommen, den ökologischen Fußabdruck der Stadt zu reduzieren und durch moderne Maßnahmen den Energieverbrauch zu senken. Der Ausbau erneuerbarer Energien, wie Solaranlagen und Windkraft, sowie die Förderung umweltfreundlicher Mobilität sind wichtige Schritte, die Anklam bereits in Angriff genommen hat.

Die Stadtverwaltung plant, öffentliche Verkehrsmittel zu verbessern, um den Pendler*innen und Bewohner*innen umweltfreundliche Alternativen anzubieten und den Autoverkehr zu reduzieren. Radwege und

Fußgängerzonen sollen ausgebaut und die Verbindung zum Umland verbessert werden, sodass Anklam auch für Fahrradfahrer*innen und* *Wanderer*innen attraktiver wird. Die Nähe zum Peenetal und den umliegenden Naturschutzgebieten verpflichtet die Stadt dazu, auf eine nachhaltige Bewirtschaftung zu achten und die natürlichen Ressourcen zu schützen, um die Lebensqualität in Anklam langfristig zu sichern.

Bildung und Förderung der Jugend

Eine weitere zentrale Herausforderung für Anklam ist die Förderung der Bildung und die Schaffung von Perspektiven für junge Menschen. Die Abwanderung von jungen Talenten in größere Städte ist ein Phänomen, das viele kleinere Städte betrifft. Anklam möchte dieser Entwicklung entgegenwirken, indem es Bildungsangebote und berufliche Chancen in der Stadt ausbaut. Die Schulen, Ausbildungszentren und Universitätskooperationen bieten bereits wichtige Grundlagen, doch der Ausbau und die Unterstützung moderner Lernmethoden sollen die Attraktivität weiter steigern.

Ein Schwerpunkt liegt auf der Vermittlung digitaler Kompetenzen und der Vorbereitung auf die Herausforderungen des Arbeitsmarkts im digitalen Zeitalter. Durch Partnerschaften mit regionalen und nationalen Unternehmen sollen mehr Ausbildungsplätze und Praktikumsmöglichkeiten geschaffen werden, die den jungen Menschen eine Zukunft in Anklam bieten. Die Förderung von Start-ups und technologieorientierten

Unternehmen könnte Anklam neue wirtschaftliche Impulse verleihen und die Stadt für die nächste Generation attraktiver machen.

Förderung der kulturellen Vielfalt und Gemeinschaft

Anklam hat eine reiche kulturelle Geschichte, die es auch in Zukunft pflegen und erweitern möchte. Die Förderung der kulturellen Vielfalt ist ein zentrales Ziel der Stadtentwicklung und soll durch Investitionen in Kunst und Kultur erreicht werden. Anklam plant, die lokale Kunstszene weiter zu unterstützen und zusätzliche Einrichtungen und Veranstaltungen zu schaffen, die das kulturelle Leben bereichern. Hierzu zählen Musikfestivals, Kunstausstellungen und Theaterprojekte, die auf das kulturelle Erbe der Stadt aufbauen und gleichzeitig neuen Ideen Raum bieten.

Die Stadt setzt zudem auf die Integration und das Miteinander der verschiedenen Bevölkerungsgruppen. Der demografische Wandel, der auch Anklam betrifft, erfordert Programme und Initiativen, die den Austausch zwischen Jung und Alt, Neuankömmlingen und alteingesessenen Bürger*innen fördern. Mehrgenerationenprojekte, Nachbarschaftsinitiativen und integrative Veranstaltungen sollen das Gemeinschaftsgefühl stärken und ein respektvolles und unterstützendes Miteinander fördern.

Digitale Infrastruktur und technologischer Fortschritt

Die digitale Transformation ist ein weiteres zentrales Thema, das die Zukunft Anklams prägen wird. Der Ausbau der digitalen Infrastruktur ist ein wichtiger Schritt, um die Stadt zukunftsfähig zu machen und sowohl Unternehmen als auch Privatpersonen moderne Kommunikationsmittel bereitzustellen. Breitbandausbau und Glasfaseranbindung sind dabei entscheidende Maßnahmen, die Anklam zu einem attraktiven Standort für technologieorientierte Unternehmen machen können.

Digitale Dienstleistungen in der Verwaltung sollen den Bürger*innen den Zugang zu öffentlichen Angeboten erleichtern und die Stadtverwaltung effizienter machen. Durch moderne E-Government-Lösungen könnte Anklam Verwaltungsvorgänge digitalisieren und den Bürgerservice verbessern. Der Einsatz von Smart-City-Technologien, etwa durch digitale Stadtführungen oder Verkehrssteuerung, könnte zudem die Lebensqualität steigern und die Stadt moderner und innovativer gestalten.

Vision eines lebenswerten Anklam

Die Zukunftsvision für Anklam basiert auf einem Gleichgewicht zwischen Tradition und Moderne. Die Stadt möchte ihre historische Identität bewahren und gleichzeitig den Weg in eine nachhaltige und zukunftsorientierte Entwicklung gehen. Die Bürger*innen Anklams sind sich ihrer Geschichte und ihrer Kultur bewusst und möchten diese Werte mit der neuen Generation teilen und gemeinsam weiterentwickeln.

Durch die Förderung des sozialen Zusammenhalts, der kulturellen Vielfalt und der wirtschaftlichen Stabilität soll Anklam ein lebenswerter Ort für alle Generationen bleiben.

Die Stadt möchte ein Umfeld schaffen, in dem Menschen gerne leben, arbeiten und ihre Freizeit verbringen. Das Engagement der Bürger*innen, die Unterstützung lokaler Initiativen und die Offenheit gegenüber neuen Ideen werden Anklam dabei helfen, eine Stadt zu bleiben, die stolz auf ihre Vergangenheit ist und mit Zuversicht in die Zukunft blickt.

Zusatz: Otto Lilienthal – Der Flugpionier aus Anklam

Otto Lilienthal, geboren am 23. Mai 1848 in Anklam, gilt als einer der bedeutendsten Pioniere der Luftfahrtgeschichte. Der Ingenieur und Erfinder, der als „Der Vogelflugmensch" bekannt wurde, legte mit seinen Experimenten und bahnbrechenden Entwicklungen die Grundlage für das moderne Fliegen. Lilienthals Bedeutung für die Stadt Anklam ist bis heute enorm, denn sein Leben und Wirken haben nicht nur die Geschichte der Luftfahrt revolutioniert, sondern auch das kulturelle Erbe und die Identität der Stadt geprägt.

Frühe Jahre und technische Neugier

Schon als Kind zeigte Otto Lilienthal ein ausgeprägtes Interesse an Technik und Natur. Gemeinsam mit seinem jüngeren Bruder Gustav experimentierte er bereits früh mit Flugmodellen und untersuchte den Vogelflug, um die Geheimnisse des Fliegens zu ergründen. In Anklam wuchs er in einer Zeit auf, in der die industrielle Revolution neue Technologien und Ideen hervorbrachte und das Interesse an Wissenschaft und Fortschritt weckte. Diese prägende Umgebung und seine Leidenschaft für das Fliegen motivierten Lilienthal dazu, das Fliegen zu einem greifbaren Ziel zu machen.

Der Weg zur Verwirklichung des Fliegens

Nach seiner Ausbildung zum Ingenieur begann Lilienthal seine Studien und Experimente zum Flugverhalten von Vögeln, die er akribisch dokumentierte. Er beobachtete, dass Vögel ihre

Flügel durch einen speziellen Auftrieb und bestimmte Flugbewegungen nutzen, um sich in der Luft zu halten und zu manövrieren. Basierend auf diesen Erkenntnissen entwickelte Lilienthal seine eigenen Fluggeräte – die ersten Gleitflieger –, die dem menschlichen Körper ermöglichten, sich ähnlich wie ein Vogel durch die Luft zu bewegen.

Ab den 1890er Jahren wagte Lilienthal seine berühmten Gleitflüge, die ihn weltberühmt machten und als erste kontrollierte Flüge eines Menschen in die Geschichte eingingen. Diese Flüge, die er auf den Flugbergen nahe Berlin durchführte, zeigten, dass es möglich war, die Naturgesetze zu nutzen, um das Fliegen zu ermöglichen. Mit seiner Beharrlichkeit und seinem Innovationsgeist inspirierte Lilienthal Erfinder und Forscher auf der ganzen Welt. Sein wichtigstes Werk, *Der Vogelflug als Grundlage der Fliegekunst*, wurde in mehrere Sprachen übersetzt und diente unter anderem den Gebrüdern Wright als bedeutende Grundlage für ihre eigenen Entwicklungen in der Luftfahrt.

Otto Lilienthal und Anklam

Für Anklam ist das Erbe von Otto Lilienthal von unschätzbarem Wert. Die Stadt hat sich als „Stadt des Flugpioniers" einen Namen gemacht und ehrt ihren berühmten Sohn mit einer Vielzahl von Projekten, Gedenkstätten und Veranstaltungen, die Lilienthals Beitrag zur Wissenschaft und seine Verbindung zu Anklam würdigen. Das Otto-Lilienthal-Museum in Anklam ist dem Leben und Wirken des Erfinders gewidmet und zieht jedes Jahr zahlreiche Besucher*innen aus aller Welt an, die seine Fluggeräte und persönlichen Aufzeichnungen bestaunen. Das Museum bietet nicht nur historische Einblicke in Lilienthals Arbeiten, sondern fördert auch die Auseinandersetzung mit moderner Luftfahrttechnik und Ingenieurskunst.

Ein weiteres Projekt, das Lilienthals Erbe in der Stadt lebendig hält, ist der jährliche Otto-Lilienthal-Tag, an dem die Bürger*innen und Besucherinnen* Anklams den Flugpionier und seine Errungenschaften feiern. Auf diese Weise verbindet sich die Geschichte Lilienthals mit dem gegenwärtigen kulturellen Leben und wird zu einem festen Bestandteil der städtischen Identität.

Das Vermächtnis eines Visionärs

Otto Lilienthal hat mit seinen Forschungen und Erfindungen nicht nur die Luftfahrtgeschichte revolutioniert, sondern auch ein Vermächtnis hinterlassen, das Anklam als innovativen und geschichtsbewussten Ort positioniert. Sein Mut, die Grenzen des technisch Machbaren zu überschreiten und an einer Vision festzuhalten, inspiriert die Menschen in Anklam bis heute. Lilienthals Werk steht für die Werte von Entdeckergeist, wissenschaftlichem Fortschritt und der Überzeugung, dass große Ziele erreichbar sind, wenn man sie mit Hingabe und Beharrlichkeit verfolgt.

Anklam ist stolz, Lilienthals Erbe zu bewahren und seine Geschichte an die kommende Generation weiterzugeben. Die Erinnerung an Otto Lilienthal bleibt ein lebendiges Symbol für die Innovationskraft und den Willen zur Erneuerung, der die Stadt seit jeher prägt und ihr den Weg in die Zukunft weist.